铁马秋风
——陆游

◎ 主编 金开诚

◎ 编著 张 燕

吉林出版集团有限责任公司

吉林文史出版社

图书在版编目（CIP）数据

铁马秋风——陆游 / 张燕编著 . 一长春：吉林出
版集团有限责任公司：吉林文史出版社，2010.11（2022.1重印）
ISBN 978-7-5463-4131-6

Ⅰ . ①铁… Ⅱ . ①张… Ⅲ . ①陆游（1125～1210）–
传记–通俗读物 Ⅳ . ① K825.6-49

中国版本图书馆 CIP 数据核字（2010）第 222277 号

铁马秋风——陆游

TIEMA QIUFENG LUYOU

主编/ 金开诚 编著/张 燕

项目负责/崔博华 责任编辑/崔博华 钟 杉

责任校对/钟 杉 装帧设计/李岩冰 刘冬梅

出版发行/吉林文史出版社 吉林出版集团有限责任公司

地址/长春市人民大街4646号 邮编/130021

电话/0431-86037503 传真/0431-86037589

印刷/三河市金兆印刷装订有限公司

版次/2010 年 11 月第 1 版 2022 年 1 月第 6 次印刷

开本/650mm×960mm 1/16

印张/9 字数/30千

书号/ISBN 978-7-5463-4131-6

定价/34.80元

前　言

　　文化是一种社会现象，是人类物质文明和精神文明有机融合的产物；同时又是一种历史现象，是社会的历史沉积。当今世界，随着经济全球化进程的加快，人们也越来越重视本民族的文化。我们只有加强对本民族文化的继承和创新，才能更好地弘扬民族精神，增强民族凝聚力。历史经验告诉我们，任何一个民族要想屹立于世界民族之林，必须具有自尊、自信、自强的民族意识。文化是维系一个民族生存和发展的强大动力。一个民族的存在依赖文化，文化的解体就是一个民族的消亡。

　　随着我国综合国力的日益强大，广大民众对重塑民族自尊心和自豪感的愿望日益迫切。作为民族大家庭中的一员，将源远流长、博大精深的中国文化继承并传播给广大群众，特别是青年一代，是我们出版人义不容辞的责任。

　　本套丛书是由吉林文史出版社和吉林出版集团有限责任公司组织国内知名专家学者编写的一套旨在传播中华五千年优秀传统文化，提高全民文化修养的大型知识读本。该书在深入挖掘和整理中华优秀传统文化成果的同时，结合社会发展，注入了时代精神。书中优美生动的文字、简明通俗的语言、图文并茂的形式，把中国文化中的物态文化、制度文化、行为文化、精神文化等知识要点全面展示给读者。点点滴滴的文化知识仿佛颗颗繁星，组成了灿烂辉煌的中国文化的天穹。

　　希望本书能为弘扬中华五千年优秀传统文化、增强各民族团结、构建社会主义和谐社会尽一份绵薄之力，也坚信我们的中华民族一定能够早日实现伟大复兴！

目录

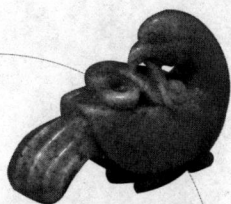

一、激荡的时代

　　南宋时期，文坛上活跃着一些爱国文学家，他们在山河破碎、政治腐败、生灵涂炭的黑暗岁月里，坚持用自己的作品，反对民族压迫，反对对敌投降，为祖国的统一进行着不屈不挠的斗争，发扬了光荣的爱国主义传统。他们的作品深刻反映了当时的社会历史面貌，表达了广大人民的要求和愿望，发出了时代的最强音，鼓舞当代和后世人民为正义而斗争。

陆游便是其中杰出的一员。

陆游（1125—1210年），字务观，号放翁，越州山阴（今浙江绍兴）人。他生活在公元12世纪20年代至13世纪初，经历了北宋末年的徽宗、钦宗两朝皇帝和南宋前期的高宗、孝宗、光宗、宁宗四代更替。这恰恰是我国历史上阶级矛盾和民族矛盾极其尖锐，社会斗争十分激烈的

时期。

公元12世纪初,我国存在着宋、辽、西夏等几个民族政权,国土有大有小,势力有强有弱。他们之间既相互往来,又相互对立,不断进行着战争。外患当头,统治者本应励精图治,将百姓发动起来抵御外侵,但以宋徽宗为首的北宋封建王朝内部极度黑暗腐败,造成社会上危机四伏。宋徽宗崇信道教,在政治上无所作为,又喜欢奢侈的生活,挥霍无度。他视为心腹的大臣,有很多非但不是治国的贤才,反而是贪残奸佞之徒。像蔡京、王黼、童贯、李彦、梁师成、朱勔这些人,投皇帝所好,获得高官厚禄,在上拨乱朝

政，陷害忠良，在下巧取豪夺，残酷剥削百姓，使阶级矛盾更加激化。过惯荒淫腐朽生活的宋徽宗，一时兴起，想在京城修建一座具有南方风味的花园——艮岳，就指派朱勔在苏州设立"应奉局"，强行搜刮东南地区的奇花异石。大量被掠夺的"珍异"之物，由水路运往东京汴梁，这就是所谓的"花石纲"。运送花石纲的任务全部摊派到百姓的身上，一旦有损坏或丢失，地方官吏就逼迫、勒索百姓赔偿，使百姓卖儿鬻女，家破人亡。

残酷的压迫必然激起百姓的强烈反抗，南方的方腊在睦州青溪揭竿而起，数日之内，起义队伍就发展到数十万人，很快攻下六州五十二县，震动东南。在北方地区，则有宋江等三十六人领导的起义军活动于山东、河北、河南一带，声势浩大，沉重地打击了腐朽统治者的嚣张气焰。

正在北宋统治阶级走向崩溃边缘的时候，居住在我国东北地区的女真族日渐强大，十多年间就以武力征服了辽和北宋，占领了淮河以北的广大地区。从此，我国形成了南北分裂、宋金对峙的局面。

女真族是我国的少数民族之一，原称勿吉，隋唐时称靺鞨。1115年，女真族部落首领完颜阿骨打在白山黑水间建立了金政权。曾经备受辽国欺凌和压榨的女真族人在政权建立后，为摆脱辽国的压迫和统治，发动了对辽战争。金兵长驱直下，势如破竹，辽兵则毫无斗志，节节败退。北宋统治者想利用辽金之间的矛盾，

与金国订立"海上之盟"，联合进攻辽国，好乘机收复被辽国侵占的燕云之地。然而，宋徽宗的宠臣童贯率领的宋军毫无战斗力，对辽作战一再失利，这就让女真贵族了解了北宋统治集团的昏聩无能和北宋军队的虚弱不堪。1125年，女真族的金国灭了辽国，气焰更加嚣张，并且垂涎于中原地区先进的生产力和丰富的物质资源，就准备撕毁与宋朝订立的盟约，以武力征服中原。

这一年冬天，金兵灭辽不久，随即兵分两路南下，大举侵略北宋。西路由粘罕（宗翰）率领，由云中攻太原；东路由斡离不（宗望）率领，从平州攻燕京，然后两路大军合围北宋都城开封。在金兵发动的突然袭击面前，宋军惊恐万状，不战自溃，纷纷弃城逃跑。西路金兵攻下朔州、武州、代州等地后，受阻于太原。东路金兵相继攻陷燕京、相州、濬州，渡过黄河，直逼开封城下。

这时的开封城内，大臣们还在为了和战问题争吵不休，宋徽宗感到无法摆脱危机，就在十二月二十三日匆匆传位给太子，自己带着蔡京、童贯、高俅、朱勔等人南下逃命。靖康元年（1126年）一月，宗望率领的金军包围了开封。即位的宋钦宗不得已任命主战派李纲为"亲征行营使"，负责京城防务。开封军民在李纲的领导下，同仇敌忾，浴血奋战，西北名将种师道率领的援军也日夜兼程赶到开封，金兵多次攻城不下，在勒索掳掠了大量金银珠宝后撤退了。开封解围，宋徽宗回京，北宋朝廷的主和派又重新得势，他们贬斥李纲，解除种师道的兵权，依旧过着醉生梦死、荒淫腐朽的生活。靖康元年秋天，金兵再度大举南侵，不久开封陷落，敌军大肆烧杀抢掠，京城内外变成一片废墟。金军俘虏了徽、钦二帝以及宗室、后妃，带着洗劫来的金银、车马、典籍、工匠北上，北宋灭亡，这就是"靖康

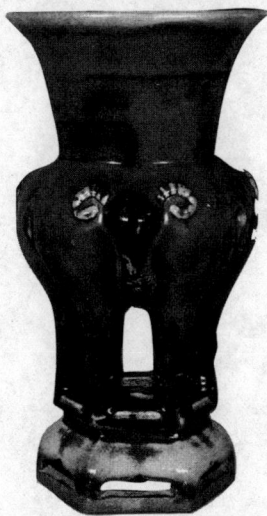

之难"。1127年6月，宋徽宗的另一个儿子赵构在南京（今河南商丘）即位，改元建炎，即历史上的宋高宗，后来他逃到杭州建立偏安于南方的政权，史称南宋。

令人叹息的是，南宋的历代帝王并没有吸取北宋亡国的教训，更没有向金国复仇、收复中原的决心，他们个个都庸懦卑怯、自私无耻、只求苟安、不恤国计。为了维持一时的安宁，他们对敌屈膝称臣，甘心割地媚敌，全然不顾国家和人民的利益。南宋一些当权的丞相，如秦桧、贾似道之流，都是怀奸误国、残民害政的民族败类。他们对内加紧压榨剥削，贪婪地吸吮民脂民膏，偏安在一隅江山中过着穷奢极欲、纸醉金迷的糜烂生活；对外则卑躬屈膝，一贯奉行投降卖国政策，断送了收复失地、统一祖国的大好时机。统治者们在高墙深院中，欣赏轻歌曼舞，吟唱风烟云霞，庆贺"天下太平"，早把中原的大好河山忘到九霄云外。诗人林升在杭州的一家旅店墙壁上题写《题临安邸》，道出了人民的心声：

> 山外青山楼外楼，西湖歌舞几时休？
>
> 暖风熏得游人醉，直把杭州作汴州！

沦陷区的广大人民处在水深火热的苦难深渊，在异族统治者的蹂躏之下呻吟。而在南方，百姓饥寒交迫，尸横遍野。无数爱国志士遭贬黜、被杀害。他们有心报国，无路请缨，被迫退居山林，虚度岁月，正如陆游的《感愤》诗中所说："诸公尚守和亲策，志士虚捐少壮年。"在这样的时代背景下，许多作家的生活与创作都发生了变化，他们走向现实，面对刀光剑影，迎着血雨腥风，写出了大量沉痛悲愤、壮怀激烈的动人诗篇。陆游就生活在这样的时代，他那些不朽的爱国诗篇便是在这块丰饶而残酷的历史土壤里生根、开花、结果的。

二、动荡的童年

　　陆游出身于封建士大夫家庭，他的祖父陆佃是王安石的学生，曾任礼部侍郎、尚书右丞，精通经学，著有《埤雅》《礼象》《春秋后传》等书，是北宋著名的学者。陆游的父亲陆宰在北宋末年做过吏部尚书、淮南计度转运副使等职，南渡后退居山阴故居，经常与主战派来往。陆游的母亲唐氏是北宋神宗熙宁初参知政事唐介的孙女。可以说，家人在思想、品格、学术方面，都给予了陆游很深的影响。

陆游出生于宣和七年（1125年）。这年的十月中旬，任淮南计度转运副使的陆宰奉诏入朝，他带着家眷从寿春出发，打算乘船由淮河入汴水，到达京城开封。十月十七日，陆宰一家乘坐的官船正安稳地行驶于淮河中流，忽然天空乌云密布，霎时间狂风大作，暴雨倾盆而下，滚滚的淮河水掀起惊涛骇浪，发出震天动地的怒吼声。船上的男女老幼都被这突如其来的暴风雨吓得目瞪口呆，惊慌失措。正在人们和风浪搏斗的时候，只听船舱中传出了婴儿的啼哭声，这个迎着暴风雨来到人间的婴儿，就是被后人誉为"亘古男儿一放翁"的爱国诗人陆游。多年后，陆游这样描述自己出生时的情景："少傅奉诏朝京师，襁船生我淮之湄。宣和七年冬十月，犹是中原无事时。"还有："我生急雨暗淮天，出没蛟鼍浪入船。白手功名无尺寸，茅檐还听雨

声眠。"

陆宰进京后不久，调任为京西路转运副使，工作地在山西长治、晋城一带。这时金兵南侵的消息已经传来，时局非常紧张。陆宰把家眷安置在河南荥阳，独自赴任。他到任不久，金兵就渡过黄河，包围了开封。从此天下大乱，北宋王朝开始土崩瓦解。

靖康元年（1126年）四月，陆宰被弹劾免职，尽管不明白事由，但他没去申辩，而是带着家眷回到了开封。离开京城虽然只有半年，但劫后的景象实在触目惊心，昔日青楼画阁、珠帘绣户、金翠耀目、罗绮飘香的繁华景象不见了，呈现在眼前的是一片败屋残垣、瓦砾余灰。平时最热闹的州桥南北和大相国寺一带，如今也十分荒凉冷落，很少行人往来。不时地能看见衣衫褴褛、面容憔悴、流离失所的难民。面对这使人目不忍睹的惨状，陆宰既

为国家民族的命运担心，又痛感自己的无能为力，内心无比沉重。

这时金兵虽然已经撤离开封，但还在河北一带继续发动进攻。朝廷的大权又落到了主和派的手中，他们以为只要割让土地，就可以苟延残喘地活下去。种种不祥的预兆，使京城的百姓预感到敌军随时可能再次南侵。百姓对北宋的当权者不再抱有幻想，纷纷挥泪告别故土，逃难到南方去躲避即将到来的弥天大祸。这年秋天，陆宰一家也准备离开京城，回山阴故居。陆游这时刚刚开始学习走路，还不懂事，是在父母的怀抱中离开汴京的，从此再也没能回来。每当陆游想到当年离别京城的情景时，心中总是充满无限的感慨：

扶床踉跄出京华，头白车书未一家。

宵旰至今劳圣主，泪痕空对太平花。

——《太平花》

陆宰一家人口众多，行动迟缓，一路

上遇到的困难可想而知。当他们渡过淮河到达寿春（今安徽寿县）时，在那里停留了一段时间，作短期休整。在寿春，陆宰听到了开封陷落、徽钦二帝被俘北上和高宗即位的消息。他盼望局势能逐步好转，可是从前线传来的消息却令人失望。战火在迅速蔓延，金兵在继续南侵。他们的野心越来越大，企图一举征服全国。江淮流域已经变成战场，不再是人们的避难所了。于是，陆宰只得带着全家老小继续向故乡逃亡。他们跋山涉水、"渡淮绝江"，有时与成千上万的难民同行，有时则夹杂在溃散的官军之中，人人心惊胆战，唯恐被敌兵追上。一路之上，风餐露宿，受冻挨饿，历尽艰辛。陆宰一家在淮河岸边险些遇到了敌人的追兵，他们慌忙躲进偏僻的草丛中，藏了一天一夜，才得以脱险。逃亡途中，常常十天半月也吃不上一顿热菜热饭，能吃上一口干粮就算不错了。这时陆游已渐渐懂事，他

在回忆这段危险艰苦的生活时写道：

我生学步逢丧乱，家在中原厌奔窜。

淮边夜闻贼马嘶，跳去不待鸡号旦。

人怀一饼草间伏，往往经旬不炊爨。

……

——《三山杜门作歌》

经过长期颠沛流离的生活，陆宰一家终于回到了山阴故居。对于年幼的陆游来说，这是初次投入故乡的怀抱。到家以后，陆宰忙于修理房舍，料理生活，会见亲友邻里，很少有空闲的时候。年幼的陆游便跟随两个哥哥到碧波千顷的镜湖之滨采菱摘花、捉蟹捕鸟。陆游很快就对山明水秀、风光如画的家乡产生了感情。

建炎三年（1129年）秋天，兀术统率金兵再次向南侵犯。这时，宋高宗从扬州逃到临安，接着又经越州（今浙江绍兴）、明州（今浙江宁波）逃到海上。金兵分两路渡过长江，跟踪追击。敌兵所到之

处，田园庐舍，尽成焦土，江南百姓遭到了空前的浩劫。

当金兵逼近临安时，陆宰匆忙侍奉着老母，领着全家，投奔到东阳（今浙江金华）陈彦声那里避难。陈彦声是东阳一支地方武装势力的首领，为人勇敢、仗义，对陆宰一家照顾得很周到。一家人在这里寄居了三年多，等到岳飞、韩世忠等人统率的宋军给予金兵重创，江南的形势稳定下来之后，他们才从东阳回到了山阴故居。

动乱的童年时代，使陆游尝到了侵略战争所带来的无边苦难，他看到了无数百姓背井离乡、辗转沟壑的悲惨处境。这段难忘的经历，给陆游留下了深刻的印象，成为他一生忧国忧民思想的起点。陆游在诗中曾说："少小遇丧乱，妄意忧元元。"（《感兴》）从童年时代起，诗人陆游的命运就与国家、百姓的命运联系在一起了。

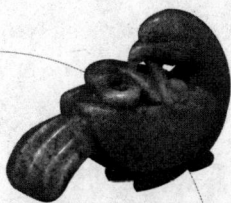

三、学文与习武

陆游从小就很喜欢读书，大约在6岁避乱东阳时，他就开始入学念书了。当时的学习条件很差，陆游在诗中如此描绘当年："灶墨磨断瓦，荻管随手画。"但他学习仍然很用功。回到山阴后，他开始进入乡校，正式从师受业。这时有两位老师给他的印象最深，一位叫韩有功，为人正直，有骨气；另一位是陆游的族伯陆彦远，他非常崇拜王安石的学问。他们都是陆游的启蒙老师。

陆家是书香门第，也是当时江南一带有名的藏书之家。后来南宋政府在临安建秘书省，陆家就曾献出珍贵的图书一万三千多卷。陆宰对孩子们要求很严格，常常深夜还在灯下督促他们的学业，指导他们学习儒家经典。他还不止一次地给陆游兄弟讲述他们的祖父陆佃少年时刻苦自学，最终成为著名学者的事迹，以此来勉励后代。在父亲和老师的辛勤培养下，天资聪慧、勤奋好学的陆游学业进步很快，12岁时，就能诗善文。

陆宰希望儿子多在儒家经典上下工夫，以便将来能通过科举考试进入仕途。可是年少的陆游却喜欢阅读文学作品，对陶渊明、王维、岑参的诗歌更是爱不释手。十三四岁的时候，陆游有一天偶然发现父亲的藤床上放着一本陶渊明的诗集，便拿来翻看，越

读兴味越浓,舍不得放下。家人招呼他吃晚饭,他也装着没听见,饿着肚子一直读到深夜。

年少气盛的陆游在乡校中结识了一些兴趣相投的同学,他们经常互相砥砺,在一起探讨疑难问题,对获取功名颇有信心:

少时业诗书,慕古不自量。

晨暮间弦诵,左右纷朱黄。

积书山崇崇,探义海茫茫。

同志三四人,辩论略相当。

落笔辄千言,气欲吞明场。

——《目昏颇废观书以诗记其始时年七十九矣》

16岁那年,陆游初次来到临安应试,他和同学都住在西湖边上的灵芝寺里。除了复习功课、参加考试外,这些年轻人就尽情畅游名胜古迹,饮酒高歌,纵论天下大事。在《送韩梓秀才十八韵》一诗中,陆游追忆当时的生活:

束发走场屋，始得从君游。

灯火都城夜，风雨湖上秋。

追随不隔日，岩壑穷探搜。

摩挲石屋背，摇兀暗门舟。

酒酣耳颊热，意气盖九州。

夜卧相踏语，狂笑杂嘲讴。

但恐富贵逼，肯怀贫贱忧？

这次入都应试虽然没有结果，但他结识了一些朋友，增长了不少见识。回到家乡后，陆游就学于鲍季和先生，继续学习。18岁那年，陆游认识了当时著名的诗人曾几，并拜他为师，开始正式学习诗歌创作。曾几不仅是一位有影响的诗人，还是一位爱国之士，他对陆游的影响很大。

少年时代的陆游从书本上学到了很多知识，生活也给予了他很大的熏陶。南渡之后，陆宰虽然没在政府中任职，但他对国事还是很关心的。当时一些爱国的知识分子经常来陆家，议论朝政和局势，表达他们对侵略者的仇恨和对投降派的愤怒之情。陆游常常在一旁聆听父辈的爱国言论，受到深刻的教育。父辈的爱国思想，在陆游的心田里播下了杀敌报国的种子，使他从小便立志要"扫胡尘""清中原"，为实现祖国的统一而奋斗。

陆游感到，在国难当头的岁月里，不能单单学文，还必须习武，掌握杀敌的本领。大约在20岁左右，陆游对"文章句读"一类的学问产生了怀疑，认为埋头经书，

讲明古义，虽能博取功名富贵，却无济于事，无补于国，因而是不足道的。他崇拜的是姜子牙、诸葛亮一类武能安邦、文能治国的英雄人物。于是，陆游开始研读兵书，学习剑术，结交江湖奇士，度过了一段诗酒豪纵的游侠生活。这在他自己的作品中有生动的反映：

少时酒稳东海滨，结交尽是英豪人。

龙泉三尺动牛斗，阴符一编役鬼神。

——《夏夜大醉醒后有感》

十年学剑勇成癖，腾身一上三千尺。

术成欲试酒半酣，直蹑丹梯削青壁。

青壁一削平无踪，浩歌却过连花峰。

世人仰视那得测，但怪雪刃飞秋空。

——《融州寄松纹剑》

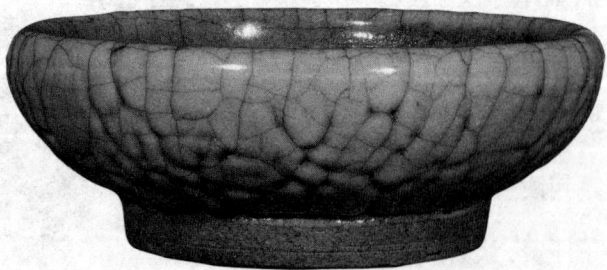

　　这些诗篇可以反映出陆游青年时代生活的一个侧面。为了实现灭敌复国的理想，陆游曾走出书房，离开家门，到社会上去求师寻友，习武学剑。他拜一位人称"白猿翁"的老侠士为师，学得了一手精湛的剑术。在江湖侠士中，陆游具有很高的文化水平，并且性格豪爽，对兵、剑、诗、书都有自己独到的见解。大家都认为他文武双全，将来一定会大有作为。这段生活经历在陆游的一生中，虽然只是一个插曲，但对他的思想和性格的发展是有影响的。他广泛结识了各阶层的人物，加深了对现实社会的认识，胸怀更开阔，性格更豪放，知识也更丰富了。陆游在百姓中积极宣传抗金，主张用兵，赢得了许多同情者和支持者。在朝野上下弥漫着妥协投降气氛的时候，爱国青年陆游已经以"喜论恢复"而闻名遐迩了。

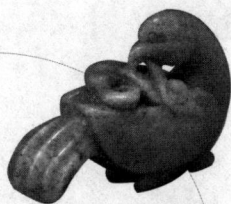

四、爱情的悲歌

　　高宗绍兴十三年（1143年），陆游19岁，第二次来到临安应试。虽然这次考试仍无结果，但他在临安停留了较长的时间。第二年的元宵节，陆游的舅父唐仲俊约他在临安观看灯火，就是在这一次出游中，他见到了舅父的女儿唐琬。他们姑表兄妹幼年时曾见过面，这次相逢，互相爱慕，感情更深了。陆游回到山阴后不久，就跟唐琬结了婚。

这对夫妻生活十分美满幸福。唐琬能诗善词，和陆游有许多共同语言，二人相亲相爱，形影不离。本来陆游对科举就没有什么兴趣，婚后用在"学业"上的时间就更少了，这使陆游的父母很不高兴。特别是陆游的母亲，不知为什么，对自己的内侄女总是看不顺眼，常常指桑骂槐，借故责难儿媳，最后在盛怒之下，逼着陆游与唐琬离婚，将唐琬赶出了家门。

陆游心里明白，自己的妻子是无辜的，但在封建礼教的桎梏下，父母的话就是法令，不管对与不对都必须服从。陆游无可奈何，忍痛与爱妻分开。但他实在难以割舍，便瞒着双亲在外面找了一间房子，把唐琬暂时安置在那里，时常与之幽会。可见他在悲痛之余，还存着一种侥幸心理，希望母亲有一天能回心转意，让他们夫妻重新团圆。每当他去看唐琬

时，总是用这种想法来安慰她。唐琬却默默无语，憔悴的脸上挂着泪珠，她受的创伤太重了，对破镜重圆已不抱多大希望。

这样又过了一段时间，他们的秘密终于被家里觉察，陆母不但没有动恻隐之心，反而横暴地拆散了这对恩爱的夫妻。不久，陆游被迫另娶王氏，唐琬也改嫁同郡的宗室赵士程。这一婚姻悲剧在陆游的心灵中留下了深深的伤痕，不久他就离家远游，开始了"学剑西州"的浪游生活。

绍兴二十五年（1155年），陆游31岁。一个春光明媚的日子，诗人独自来到山阴城外禹迹寺的沈家花园，恰逢唐琬与

赵士程也来这里游春。一对被活活拆散的情人，分别十年，偶然相逢，真是又惊又喜，可如今时过境迁，千言万语也只能埋藏在心底。唐琬含泪忍悲，叫人送给陆游一些酒菜，以表示对故人的追忆之情。陆游想起当年泣血摧心的往事，悔恨交加，如痴如醉，凝神望着那含情脉脉的倩影，久久不能平静。当他清醒之后，唐琬的身影已经消失在花柳丛中。陆游感慨万分，提笔在花园的墙壁上写下一首哀婉凄楚的《钗头凤》：

红酥手，黄縢酒，满城春色宫墙柳。东风恶，欢情薄，一怀愁绪，几年离索。错！错！错！

春如旧，人空瘦，泪痕红浥鲛绡透。桃花落，闲池阁，山盟虽在，锦书难托。莫！莫！莫！

据说唐琬读到这首词后，悲痛欲绝，含泪和了一首：

世情薄，人情恶，雨送黄昏花易落。晚风干，泪痕残，欲笺心事，独语斜栏。难！难！难！

人成名，今非昨，病魂长似秋千索。角声寒，夜阑珊，怕人寻问，掩泪装欢。瞒！瞒！瞒！

沈园一见之后，唐琬便一病不起，不久就含恨离开了人世。

陆游对这一婚姻悲剧终身难忘，心灵所受的创伤实在是太深了。诗人晚年卜居镜湖三山，虽然他已经是儿孙满堂、白发苍苍的老翁了，但仍然时常携杖来到沈园，探寻遗踪，凭吊故人，并写下了一首首爱情悲歌：

城上斜阳画角哀，沈园非复旧池台。

伤心桥下春波绿，曾是惊鸿照影来。

梦断香消四十年，沈园柳老不吹绵。

此身行作稽山土，犹吊遗踪一泫然。

——《沈园》

五、考场风波

虽然陆游在考场上两次失利，但他的家人仍然认为通过科举考试进入仕途，是像他这样的世家子弟唯一的出路，不管遇到多少挫折也不应该回头。陆游经过十年学剑的游侠生活，除了学到一身武艺，结识了各方面的人物，锻炼出一副强健的体格外，并没有做出对抗金复国有益的实际成绩来。在这样的情况下，他在绍兴二十三年（1153年）再一次来到临安，参加进士考试。

宋代凡有官衔的人考进士，叫做锁厅试。陆游曾因门荫制度被授予九品文官登仕郎的虚衔，所以他这次来临安就参加了锁厅试。主考官两浙转运使陈阜卿，为人正派，刚直不阿，曾因发表逆耳忠言触犯过奸相秦桧。当他看到陆游的试卷后，认为这份试卷既有见解，切中时弊，又富有文采，是一篇难得的好文章，便决定取陆游为第一名。可是秦桧的孙

子秦埙也参加了这次考试，秦埙早已传出话来，必须把他的孙子取为第一名。主持锁厅试的其他官员都俯首听命，准备以秦埙为第一名报送礼部参加复试。但陈阜卿坚持以陆游为第一名，秦埙为第二名上报礼部。秦桧得知此事，大发雷霆，对陈阜卿和陆游都怀恨在心。

次年三月，陆游在礼部复试中又被取为第一名，这更加触怒了秦桧，他公然下令贬黜陆游，取消他的进士资格，并扬言

要查办陈阜卿。幸好不久之后，这个气焰嚣张、横行无忌的老贼突然患病死去，这场风波才算平息下来。秦桧嫉恨陆游，不仅由于陆游名列自己孙子秦埙之前，占了鳌头，更因为陆游"喜谈恢复"，不附和议，在政治上是一个异己分子。这件轰动一时的考试风波，并非一般的徇私舞弊行为，而是一桩政治打击报复事件。这是陆游初次和朝廷的投降派发生正面冲突，也是黑暗现实给他上的第一堂政治课。

秦桧想在政治上扼杀陆游，但他的企图并没有得逞。陆游虽然遭到除名的打击，但丝毫没有消极气馁，反而更加认清了投降派的面目，坚定了与他们进行斗争的勇气和决心，他的爱国思想更加坚定了。此后，陆游多次赋诗斥责秦桧弄权误国、排挤善类的种种罪恶行径：

太平翁翁十九年，父子气焰可熏天。

不如茅舍醉村酒，日与邻翁相枕眠。

——《追感往事之一》

诸公可叹善谋身，误国当时岂一秦?

不望夷吾出江左，新亭对泣亦无人。

——《追感往事之四》

这次考场上的风波，使陆游经受了磨炼，激励他在生活的激流中更加勇敢地破浪前进。

六、初入仕途

　　绍兴二十五年（1155年）十月，卖国贼秦桧病死。这是一件大快人心的事。朝廷的政策虽然没有发生什么变化，但毕竟给人们带来了一线希望。在社会舆论的压力下，一些长期遭受秦桧打击迫害的主战派官员，如张浚、胡铨、曾几等，都相继被起用，人们期待着形势能够逐渐好转。

　　陆游就是在这种情况下，于绍兴

二十八年（1158年）被任命为福建宁德县主簿的。诗人陆游初入仕途，虽然官卑位下，却幻想着远大的前程。他在入闽赴任途中，泛舟瑞安江时，怀着愉快的心情写道：

俯仰两青空，舟行明镜中。

蓬莱定不远，正要一帆风。

——《泛瑞安江风涛贴然》

可他到任不久，就感到失望了。陆游原以为出任后能有所作为，但他担任的主

簿却是个芝麻小官,既无实权,又任务繁重,终日忙于文书案牍,穷于应付。他的心情很是苦闷,但仍然勤勤恳恳、尽职尽责,因而受到当地百姓的爱戴。次年,陆游又调任福州决曹,负责当地的刑事诉讼工作,虽然仍未能有所建树,但他结识了一些友人,遍览了当地的名胜,开阔了眼界和心胸。

绍兴三十年(1160年)春天,陆游奉旨入京担任敕令所删定官,负责编纂朝廷颁布的法令和文告。第二年,他又担任了负责司法工作的大理寺直。陆游在南宋政府中的地位虽然不高,但能接近朝廷当

权人物，可以陈述自己的政见，所以他对自己的工作还是很满意的，热情也很高，不断寻找机会为朝廷作贡献。

这时金国的国主完颜亮正准备南侵，宋金战争将再次爆发。本来中原人民的抗金斗争在"绍兴和议"后已经转入低潮，完颜亮的残暴统治又激起了各族人民反抗的怒火，各地起义不断爆发。而在南宋方面，秦桧死后，主战的呼声逐渐高涨。绍兴三十一年（1161年）九月，完颜亮大举南侵，宋军在主战派将领的率领下，给予金军以迎头痛击，采石矶一战，宋军

大捷。金国遭此大败，发生内讧，完颜亮被部下杀死，金军被迫撤退。这次战争的胜利，极大地鼓舞了南宋军民。主战派便要求朝廷利用金国的内部矛盾，抓紧时机，整顿军备，出师北伐，收复中原。

陆游初次来到中央工作，积极热情，抓住一切机会宣传抗金主张。当宋高宗召见他时，他曾恳切地请求皇帝下令北伐中原："后生谁记当年事，泪溅龙床请北征。"（《十一月五日夜半偶作》）陆游还向朝廷提出了许多励精图治的建议，如非宗室外家不得封王；朝廷不得派遣内

侍小臣在外作威作福，扰民害政；监察工作要选拔德才兼备的人来担任；废除极端残忍的凌迟之刑；禁止宦官收养义子等等。陆游劝告宋高宗应生活节俭，不要过于奢华淫靡。他特别提出，宦官为了得到恩宠，用高价收购北方珍玩献给皇帝，是一种有亏圣德的行为，必须严加禁止。虽然陆游的意见都是切中时弊，很有针对性的，但高宗不但没有采纳，反而认为陆游顶撞自己，于是借故将陆游免职了。

绍兴三十二年（1162年）六月，宋高宗将皇位传给宋孝宗。孝宗即位之初，曾表示要收复中原，并起用老将张浚进行北伐的准备。在宰相史浩、黄祖舜的推荐下，孝宗任命陆游为枢密院编修官兼类圣政所检讨官，还亲自召见了陆游，称赞他博学广闻，赐以进士出身。陆游以为孝宗真有北伐的决心，自己受了重视，爱国的热情就更高了。他在临安积极宣传抗金，联络各方面的爱国人士，并向当权者

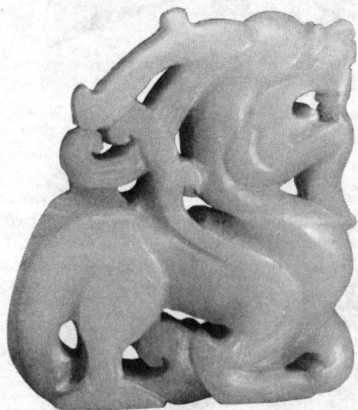

提出了许多有关刷新政治、加强战备、出师北伐的建议。

在政治方面，陆游主张效法北宋仁宗时期的行政制度，精简机构，删除律令繁文，提高工作效率，整饬吏治军纪，加强中央集权，统一抗金意志。在用人方面，陆游反对"重南轻北"的偏见，希望朝廷注意选用从中原流亡到南方来的有志之士，这样可以给中原沦陷的百姓以安慰，表示朝廷并没有忘记他们，从而增强他们对南宋政府的向心力。在军事方面，陆游和枢密院的其他官员意见一致，主张用十分之九的兵力固守江淮，用十分之一的精锐兵力进攻山东，深入敌后，开辟战场，等到徐州、郓州、亳州一带平定后，主力部队再向北推进。可以说，在当时，这是一种切实可行的战略。

可惜，陆游的建议并没有受到孝宗的重视，更没有被采纳施行。孝宗即位初

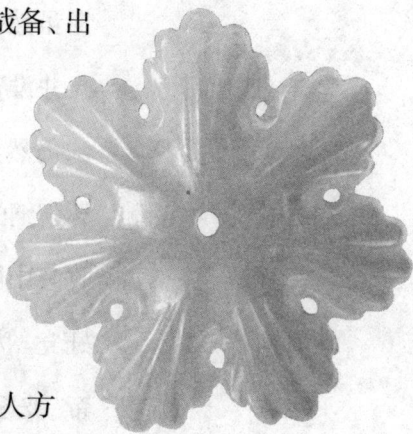

期虽然做出了支持北伐的姿态，但实际上并没有痛下决心，励精图治。他所宠信的仍然是一些贪婪狡黠、拨乱是非、败坏朝纲的小人。陆游认为要想发愤图强、收复中原，就必须除掉这些祸国殃民的奸党。为此，他屡屡劝谏孝宗，触怒了皇帝，被逐出了京城，贬为镇江府通判。

隆兴二年（1164年）春天，陆游前往镇江赴任，恰好这时张浚以右丞相的身份督师江淮军马，路过镇江。陆游的父亲与张浚是旧交，陆游便热情地接待了张浚。张浚看到陆游有胆有识，就对陆游格外垂青。而陆游对张浚也很尊重，积极献计献策，支持他出师北伐。随同张浚来到镇江的还有一些年轻幕僚，陆游与他们意气相投，常常在一起讨论军国大事。他们的爱国热情和豪迈气概，也给予张浚很大的鼓舞。可惜的是，张浚派遣李显忠、邵宏渊讨伐金军，由于二人有矛盾，未能精诚配合，导

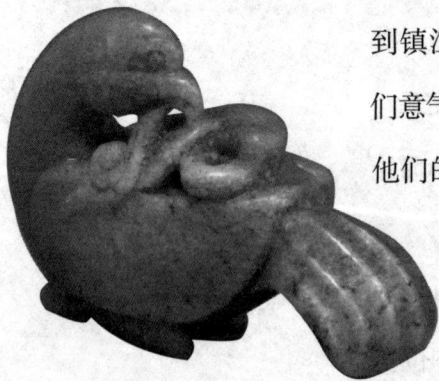

致了符离之败。虽然张浚及广大将士并未灰心，而是重整旗鼓，准备再战，然而这次战役的失利却成了主和派反对北伐的借口。他们散布谣言蜚语，对张浚及北伐军进行肆意的攻击。在这种情况下，宋孝宗动摇了收复失地的决心，由支持主战转而主张妥协求和，投降派的势力卷土重来，重新掌握了朝廷大权。这一年，南宋与金国签订了丧权辱国的"隆兴和议"，张浚被解除兵权，不久病故，凡是支持张浚北伐的人都相继被调离、遣散或免职。乾道元年（1165年）陆游调任隆兴府（今江西南昌）通判，第二年又被投降派加上了"结交朋党，鼓吹用兵"的罪名，罢职回乡。

就这样，陆游从34岁初次走上政治舞台，到42岁被免职回乡，七八年间经历了仕途的坎坷，对黑暗的现实和腐败的朝政有了切实的体验。

七、通判夔州

　　乾道二年（1166年），陆游移居绍兴城南镜湖之滨的三山："忆自南昌返故乡，移家来就镜湖凉。"从此，陆游便定居于此，过着赋闲的生活。主和派的排斥，使陆游失去了为国效命的机会，他的心情十分苦闷。但陆游扪心自问，自己的言行光明正大，是为了国家的统一而奋斗，这又有什么过错呢？面对投降派的打击，陆游没有屈服，纱帽可以不戴，但

嘴是无论如何也封不住的。投降派误国误民，虽然猖狂一时，但不会长久，不会有好下场，陆游对这些人投以鄙夷的目光：

十月江南未拥炉，痴蝇扰扰莫嫌渠。

细看岂是坚牢物，付与清霜为扫除。

——《十月苦蝇》

陆游在闲居期间，除了读书吟诗之外，也常投身到农村和大自然的怀抱中，他对故乡美丽的湖山风光和淳朴的民风民俗的感情越来越深。诗人以喜悦的心情和轻快的笔调描绘了一幅幅江南农村风情画：

莫笑农家腊酒浑，丰年留客足鸡豚。

山重水复疑无路，柳暗花明又一村。

萧鼓追随春社近，衣冠简朴古风存。

从今若许闲乘月，拄杖无时夜叩门。

——《游山西村》

转眼之间，四年过去了，陆游的子女渐渐长大，家庭负担越来越重，生活逐渐陷入贫困中，以至于靠野菜度日。在这种情况下，陆游没有别的出路，只希望得到一官半职，解决眼前的困难，同时也可以借此寻求立功报国的机会。

乾道五年（1169年）十二月六日，朝廷任命陆游为夔州（今四川奉节）通判，虽然被派到遥远偏僻的地方，陆游还是决定再次踏上坎坷不平的仕途。乾道六年（1170年）初夏，一个天气晴和的日子，陆游带着家眷离开故乡山阴，前往临安，又经运河入长江，溯流西上，途经江苏、安徽、江西、湖北、湖南，于十二月二十七日到达四川夔州。一路上，诗人游览山川名胜，凭吊历史古迹，观察地理形势，了解民情风俗，这些都丰富了诗人的见闻，使他增长了知识，对他的诗歌创作是有着积极意义的。不久之

后，陆游将这半年多的旅途生活，以日记的形式加以整理，写成了一部《入蜀记》，文字优美，保存了很多有价值的历史地理资料。

陆游在夔州的官职是左奉议郎通判军州主管学事兼管内劝农事，实际上仍是一名无足轻重的闲官。诗人远离故乡，僻处山城，交游稀少，难免有漂泊寂寞之感，加之强敌未灭，国耻未雪，壮志难酬，由此感到悲愤惆怅。不管走到哪里，陆游总是不忘国事，甚至在梦中都为国家的复兴出谋划策：

梦里都忘困晚途，纵横草疏论迁都。

不知尽挽银河水，洗得平生习气无？

——《记梦》

可见，陆游虽然曾因关心国事而一再遭到排斥和打击，但要他改变自己的态度和习惯却是不可能的。诗人在寂寞苦闷中，常常登山临水，在峰顶峡谷中寄托自己的情怀。恰巧的是，夔州是唐代大诗人

杜甫晚年曾经寄居之地，有很多杜甫的遗迹。陆游在公务之余，常常来到杜甫的故居，凭吊这位爱国的诗人。对杜甫的推崇，也促进了陆游诗歌艺术水平的提高。

乾道七年（1171年），陆游得了场大病，过了四十多天才痊愈，夔州的薪俸本来不多，加上任期快满，生活又陷入了贫困之中。他不得不考虑未来的生活，或是筹措路费回家，或是另谋一个职位。在陆游举棋不定的时候，传来了一个好消息：王炎出任四川宣抚使，并邀他到南郑的幕府中工作。陆游十分高兴，不等夔州任满便准备启程去赴新任，一年多的夔州生活就这样匆匆结束了。

八、从戎南郑

　　乾道八年（1172年）正月，陆游把家
属安顿在夔州，单枪匹马奔赴南郑。刚刚
上路还有些寂寞之感："残年流转似萍
根，马上伤春易断魂。"（《马上》）途中，
陆游渐渐被迷人的巴山蜀水和淳朴的农
家生活所吸引，胸怀也渐渐开朗起来。莺
飞花开的早春二月，陆游来到川北重镇
阆中，这时他的精神已经开始振奋。虽然
此行能否实现"上马击狂胡"的志愿，尚

且难以预料，但南郑乃是抗金前线，自己参加戎幕，投身军旅，这不正是自己梦寐以求的大好机会吗？他的眼前不时地闪现出希望的火花。

暮春三月，陆游经过长途跋涉，终于到达南郑。这时的陆游并未预料到，尽管自己的南郑军旅生活只有八个多月，但却是一生中最宝贵的时光。丰富的生活，火热的斗争，壮阔的场面，豪迈的气概，都使陆游的生命焕发出绚丽的光彩，对他的思想和性格的发展产生了极大的影响，对他的诗歌创作更具有决定性的意义。

南郑为汉中府治，当时是四川宣抚使驻地，形势十分险要。宋金战争中，它的战略地位更加突出，是南宋王朝西北前线的重镇。在此任宣抚使的王炎是一个才略奋发，有志于恢复中原的人，他来到南郑后，积极筹边治军，修筑营垒，同时又设置幕府，多方搜罗人才，为北伐进行准备

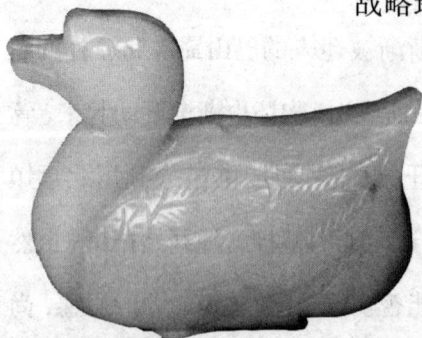

工作。陆游与张季长等一些爱国志士同在幕府，很受王炎的器重，宾主关系十分融洽。陆游虽然没有实际兵权，但他认为这是收复中原的大好时机，而且自己又得到宣抚使的信任，因而精神振奋，斗志昂扬，工作非常积极。

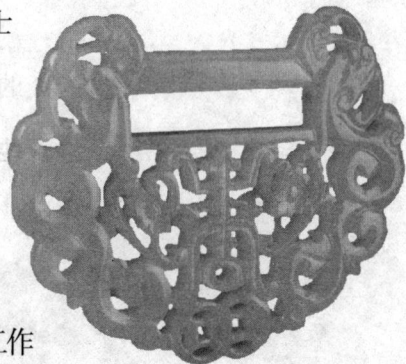

初到南郑，陆游便注意观察这一带的山川形势、民情风俗和战略地位，并逐渐形成了以此作为北伐根据地的想法。九年前，陆游在任枢密院编修官时，曾主张在固守江淮的前提下，分兵进取山东，是想把战略重点放在江南地区。现在，陆游到了川陕前线，视野更加广阔，经历更加丰富，也吸取了张浚北伐的教训，因而改变了主张，产生了以西线为主攻方向的战略思想，并提出了"先取关中次河北"（《送范舍人还朝》）的北伐行军路线。这说明陆游能够根据形势和条件的变化，不断修正自己的思想和主张。

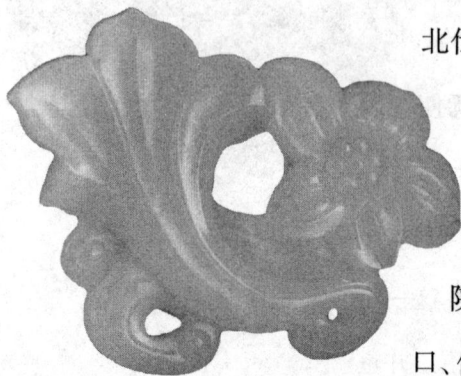

为了做好北伐的准备工作，陆游受王炎的委托，经常亲临前线，深入下层，调查地形，检查战备状况，听取广大军民对北伐的意见。他脱去儒冠，身披铁甲，骑着战马，腰悬利剑，常常冒着严寒酷暑，踏上崎岖坎坷的山路，往来奔驰于四川陕西之间。他到过大散关、骆谷口、仙人原、金牛驿、定军山等前方据点和战略要塞。生活是紧张而艰苦的，但陆游以国事为己任，不辞劳苦，无所畏惧，感受到的是投笔从戎、为国效劳的无限乐趣。

这年夏天，陆游率领一支小分队，跋山涉水，日夜兼程，来到南郑东北前哨据点骆谷口视察。骆谷口在陕西周至县西南，距离长安不到一天的路程，是西北防线上的要塞。陆游看到军队阵营整肃、兵强马壮，战士们的斗志很高，心里十分高兴。他还登上烽火台，遥望长安，增强了收复中原的信心。秋初，陆游从骆谷口回到南郑，参加完王炎举行的阅兵后，立刻又到边防线上巡视去了。陆游和战士们攀登高入云天的悬崖峭壁，跨越危如累卵的古代栈道，横渡一道道急流险滩，行进在峰回路转的万山丛林中。在寒冬即将来临的时候，陆游扬鞭催马来到了大散关下。大散关在陕西宝鸡县西南的大散岭上，是秦蜀交通之要道，形势险要，易守难攻，正处于宋金西部分界线上，关下就是金人的阵地。陆游来到大散关上，俯视敌营，侦查金兵的动向，想到四十多年来国家的奇耻大辱，想到沦陷区人民遭受的无边苦难，更激起了他驱逐敌寇、收复中原的豪情壮志。

在南郑的日子里，不管寒暑阴晴，每当夜幕降临的时候，陆游总要登上城楼，等待从大散关和骆谷口传来的平安烽火。不看到

平安烽火，陆游是不会回到营帐中去休息的。如果前方的情况不明，他又怎能解衣就寝，高枕无忧呢？

七月十六日夜，万里无云，月光如水，南郑城里一片寂静，只有城上的军号声在夜空中回荡。陆游整理好案上的文书，漫步走出营门，约了几位同僚幕友，一同登上南郑城楼西北角的高兴亭，一边等待平安烽火，一边饮酒赏月。他们在银色的月光下，指点江山，遥望长安城南的终南山，想到国土未复、国耻未雪，禁不住泪如雨下，感慨万千。沉默一阵之后，陆游站起身来，即兴挥毫，写了一首《秋波媚》词：

秋到边城角声哀，烽火照高台。悲歌击筑，凭高酹酒，此兴悠哉。

多情谁似南山月，特地暮云开。灞桥烟柳，曲江池馆，应待人来。

读了这首新词，陆游的幕友们都很受感动，一致称赞他说出了千万人的心里话。大家表示绝不辜负中原人民的期望，争取早日出师北伐，从敌人的铁蹄下解救出被践踏蹂躏的祖国大好河山。陆游和他们相约，北伐成功后再携手灞桥，痛饮曲江。这时，他们对胜利是充满希望和信心的。

在南郑期间，陆游十分注意了解当地的民情风俗，对那里的节令气候，人民的劳动、生活以及语言习惯等都很关心。他感到汉中地区不但山川盘绕，占有地利之便，而且民众的气概豪健刚劲，有和敌人战斗到底的决心与勇气，是可以信赖和依靠的。为了广泛结识抗金义士，陆游常常到街巷村落里去进行访问。无论是商贾剑客还是渔樵僧道，只要愿意抗金，他便视为知己，引为同道，和他们一起讨论复国大计。对于从沦陷区逃亡到川陕一带来的"遗民"和侠士，陆游予以特别的关注，对他们的遭遇和处境深表

同情："忆昔从戎出渭滨，壶浆马首泣遗民。"（《忆昔》）每当这时，陆游总是主动下马，和流离失所的难民们握手交谈，共叙骨肉同胞之情。陆游了解到，中原人民虽然处于水深火热中，但他们心向宋朝，日夜盼望王师北伐，不甘心于做亡国奴。他们冒着生命危险，穿过重重封锁，给南宋将士捎来了洛阳的竹笋、黄河的鲂鱼，送来了一封封敌军的情报，以表示不忘故国的深情。这些感人的事迹使陆游受到深刻的教育。从此，"遗民"的形象常常出现在他的作品之中。

在与王炎商议后，陆游通过中原难民和关中义士与敌后的抗金势力和金军中的汉族将士取得联系，并建立了一个传送情报的机构，负责把敌占区的动态报告给宣抚司。经过一番调查研究，陆游对当时的敌我态势和汉中地区的情况都有了一定的了解。他认为川陕一带具备许多有利条件，可以作为进军中原、光复国土的根据地。王炎和他的幕僚们也都同意陆游的看法，大家勉励陆游尽快草拟一份驱逐金人、收复中原的战略计划。"诸公勉画平戎策，投老深思看太平。"（《登剑南西川门感怀》）陆游的"平戎策"的要点是：收复中原必须先取长安，取长安必须先取陇右。当前要集中精力进行备战，平时广积粮草，加强军事训练，一有机会就发动进攻，如果时机未到则要坚持防守。

虽然王炎同意陆游的"进取之策"，但策略能否贯彻施行，他也做不了主，而必须呈报朝廷，等待批示。但此时的宋孝宗早已安于现状，无心北伐了。所以陆游的北伐计划送到临安后，就如同石沉大海，没有丝毫的反响。

陆游和前线的将士们天天盼望着从临安传来消息，可是始终不见回音。北伐的准备工作不得不停顿下来，宣抚司往日

那种忙碌紧张的气氛逐渐消失了。身居幕府的陆游和同僚们无事可做,只得以饮酒、打猎来消磨时光。打猎,本来就是宋朝的士大夫最喜爱的一项运动,陆游也不例外。现在既然"狼烟不举""军中无事",自己与大家一起到围猎场中消遣,也不失为诗人体验生活的好机会。

秋高气爽,正是打猎的大好时光,围猎场上常常能够看到陆游和同僚们打猎的身影。他们手牵猎犬,臂擎苍鹰,或纵马于细草平郊之上,或穿行于深山密林之中。陆游在围猎中曾登上中梁、孤云、两角等高山,涉过漾水、沮水、嘉陵等江河,南郑周围二三百里内差不多都留下了他的足迹。

乾道八年(1172年)九月九日,正值重阳佳节,幕友范西叔奉诏离开南郑到他处任职,陆游和同僚们为他设宴饯行。送走范西叔后,陆游等人乘着酒兴,驰马来到南郑城西十五里处的中梁山下,射猎

寻乐。他们还登上山顶的中梁寺，平高眺望，只见满山红叶，秋意正浓，远处的汉水像一条银链，在夕阳中闪着粼粼波光，绕过古城南郑向东流去。夜色降临，猎手们的雕鞍上挂满山鸡、狐兔，踏着月色，尽兴而归。

这一年的秋末冬初，陆游在围猎场上遇到了一个大显身手的机会。同行的猎手们在围猎场上看见了一只猛虎，三十多人都被这山中之王吓得面无血色，纷纷拨转马头，四散逃命。陆游闻讯策马赶来，挺身而出，与猛虎展开了搏斗。陆游花了十年功夫学来的剑术派上了用场，左挥右挡，剑影翻飞，几个回合之后，只听一声低吼，老虎倒在了地上，陆游的利剑已深深刺进了它的心窝，而诗人的白袍和貂裘也沾上了老虎的鲜血。刺虎的壮举很快在军营内外传开了，人们都称赞陆游不愧是文武双全的奇才。陆游也认为南山刺虎是自己平生最感快意之事，所以一

直把那件溅血的貂裘和那张虎皮保存在身边。诗人晚年常常在风雪之夜，孤灯之下，回首往事，写下一首首追忆当年拔剑刺虎的诗篇：

挺剑刺乳虎，血溅貂裘殷。

至今传军中，尚愧壮士颜。

——《怀昔》

刺虎腾身万目前，白袍溅血尚依然。

圣时未用征辽将，虚老龙门一少年。

——《建安遣兴》

南郑是一座古城，附近有许多名胜古迹。闲暇时陆游常常邀上二三好友，四处寻访古人遗踪。汉水之滨的刘邦庙、韩信拜将坛、三泉道上的老君洞等地方都留下了他的足迹。在路过广元县北的筹笔驿时，陆游特地去拜谒了诸葛亮的祠堂。相传诸葛亮六出祁山时曾驻军筹划于此，后人因而筑祠表示纪念。陆游下马入祠，仰望孔明塑像，遥想当年诸葛丞相坚持北伐，鞠躬尽瘁，死而后已的精神，不由得肃然起敬，频频拜礼，并挥笔赋诗道：

运筹陈迹故依然，想见旌旗驻道边。

一等人间管城子，不堪谯叟作降笺。

——《筹笔驿》

同年十月，陆游在阆中游览了锦屏山上的少陵祠堂，对伟大诗人杜甫表示了敬仰和怀念之情："文章垂世自一世，忠义凛凛令人思。"（《游锦屏山谒少陵祠堂》）陆游寻访古迹，目的不仅在游山玩水，更是为了用古代先贤烈士们的优秀品德和崇高精神来鼓舞自己。所以他每到一处，总是要赋诗抒怀，记下自己的收获与体会。"考古时兴感，无诗每自惭。"（《顷岁从戎南郑屡往来兴凤间暇日追怀旧游有赋》）

正当陆游在南郑前线跃马横戈，策划北伐的时候，朝廷决定调回王炎，解散幕府。很明显，这实际上就是否决了由陆游起草、经王炎同意，向南宋政府呈报的

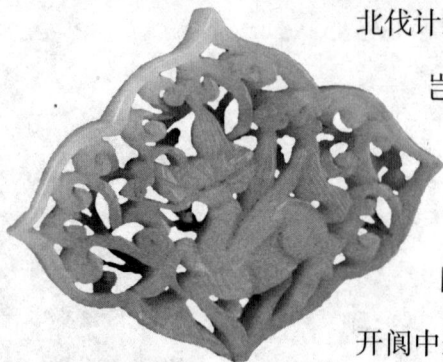

北伐计划。这正是："大散关上方横戈，岂料事变如翻波。"事情发生得太突然，出乎陆游的意料。召回王炎的命令送达南郑的时候，陆游正因公外出。十月十三日他离开阆中返回南郑，行至广元以东的嘉川铺，宣抚司的驿马送来事态变化的消息，催他尽快回去。陆游接到通知，冒着十月寒霜连夜匆匆启程：

> 黄旗传檄趣归程，急服单装破夜行。
>
> 肃肃霜飞当十月，离离斗转欲三更。
>
> 酒消顿觉衣裘薄，驿近先看炬火迎。
>
> 渭水函关元不远，著鞭无日涕空横。
>
> ——《嘉川铺得檄遂行中夜次小柏》

当陆游进入汉中境内的时候，愈加感到事情不妙，几个月来辛勤的工作都白费了，恢复中原的希望又化成了泡影，不由得使他感到无限的忧愁和悲怆。陆游回到南郑幕府后，王炎已经起程赴京，同僚们也都先后离去，各奔东西。他也只得收拾行李，准备南下成都。陆游的家属在八月间离开夔州投奔他，这时刚到南郑不久，还没有得到充分的休息，一家老小又匆匆忙忙地踏上了旅程。

从戎南郑使陆游的诗歌创作发生了巨大变化，他从模拟前人走上了以反映现实生活为主的广阔道路。作品的内容更加丰富多彩，也逐渐形成独特的艺术风格。从这时开始，陆游才真正懂得了"诗家三昧"，掌握了作诗的诀窍。他深深地体会到：只有投身到生活的激流里，才能获得无穷无尽的创作源泉。这段从军生活，虽未能达到杀敌报国的目的，但却并非虚度岁月，它使陆游的诗歌进入了一个新的时期。在他漫长的创作历程中，意义是十分深远的。

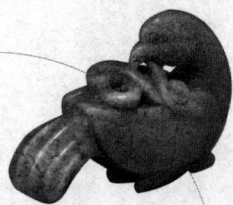

九、漂泊巴蜀

乾道八年（1172年）十一月二日，陆
游怀着怅惘的心情，带着家眷离开汉中，
前往成都。"渭水岐山不出兵，却携琴剑
锦官城。"（《即事》）一位决心驰骋沙场
的豪杰志士，被迫脱下身上的战袍，放下
手中的杀敌武器，离开战斗岗位，到后方
去做一名无所事事的"闲官"，又怎能不
感到痛苦和愤慨呢？当陆游在濛濛细雨
中，骑着毛驴，经过剑门关时，不禁发出

了深沉的感叹：

衣上征尘杂酒痕，远游无处不消魂。

此身合是诗人未？细雨骑驴入剑门。

——《剑门道中遇微雨》

杀敌报国的机会来到了，又迅速地失掉了；收复中原的希望出现了，转眼间又破灭了。陆游在深深的失望和愤懑中，对自己未来的生活道路产生了疑问：难道我这一生注定了只能做一个驴背行吟的诗人吗？他不愿意放下手中的武器，但朝廷无意北伐，他也无可奈何，只得愤愤不平地离开了前线。

残冬时节，陆游在萧瑟的寒风中到达成都，开始了他漂泊巴蜀的生活。名义上，他担任的是成都府安抚使参议官，但实际上这只是一个空衔，没有具体的工作。陆游用诗句描写当时的处境是："冷官无一事，日日得闲游。"（《登塔》）被迫撤离前线，对陆游的打击已经很沉重了，在成都无所事事，更使他感到消沉。

于是，陆游打算全家在成都稍事停留后，就离蜀东归，回到家乡过隐居生活。正当他准备买船顺江而下时，又被任命为蜀州（今四川崇庆）通判。乾道九年（1173年）春天，陆游离开成都去赴任。到了蜀州，生活依然闲闷无聊，只好以赏花、饮酒、赋诗来消磨时光。这一年的夏天，陆游又来到嘉州（今四川乐山）任代理知州。嘉州为蜀中的名胜之所，青衣江、大渡河、岷江在此汇合，山明水秀，风光佳丽，还有很多文物古迹。陆游很喜欢这里，常常登山临水，饱览这里旖旎的自然风光，尤其是岷江左岸的凌云山和大佛寺一带，更使他流连忘返，赞叹不已。

除了游览风光，陆游在这一年的八月二十二日，还参加了一次盛大的军事检阅。他虽然只是代理知州，但对有利于国防的工作总是很积极热情。陆游穿上军装，骑着骏马，检阅着一队队的蜀中健儿。挥戈杀敌、澄清中原的伟大理想又在

鼓舞和召唤着他。诗人兴奋地写道：

陌上弓刀拥寓公，水边旌旆卷秋风。

书生又试戎衣窄，山郡新添画角雄。

早岁枢庭虚画策，晚游幕府愧无功。

草间鼠辈何劳磔，要挽天河洗洛嵩。

——《八月二十二日嘉州大阅》

陆游在嘉州的生活是丰富的，心情也比初离南郑时好多了。但每每在夜深人静的时候，他就会想起当年学剑游侠和从戎南郑的生活，想起战友们一片忠心、为国献身的豪情壮举。当他想到不能在前线杀敌卫国，只能在蜀中流连光景、虚度岁月时，就会感到无比的痛苦和悲哀。在这时，陆游往往打开大散关的前线地图，注目观看，或者干脆拿着军刀，来到郊外的一座小山上尽情挥舞，以抒发内心的愤懑，更多的时候，他用诗篇来抒发自己的情感。陆游在嘉州所写的爱国诗篇有很多，著名的有《观大散关图有感》《金错刀行》《闻虏乱有感》《言怀》《胡无人》等。这些诗篇大都写得慷慨激昂，表现了陆游对敌人的蔑视，对争取抗金胜利的信心，艺术感染力都比较强。

陆游少年时就很喜欢唐代边塞诗人岑参的作品，认为岑参是可与李白、杜甫并称的一位大家。岑参曾做过嘉州刺史，这一带还流传着他的一些遗诗。陆游来到嘉州后，把这些诗篇搜集起来，编为《岑嘉州诗集》，并亲自作跋付印。他还在嘉州官舍的西斋小山堂的墙壁上，画了一幅岑参的像，以表示崇敬怀念之情。陆游推重岑参，主要是由于岑参从军西北时所写的一些气魄雄伟、满怀豪情的边塞诗，引起了他的共鸣。陆游多么希望能像唐代边塞诗人那样，随军出征，驰骋疆场啊！

淳熙元年（1174年）春天，陆游离开嘉州返回蜀州，以通判的身份代理知州。当权者对他毫不重视，调来调去，名分不定，陆游当然就无法有所作为。他对自己

所处的地位感到非常可笑，但又摆脱不了官场的羁绊，心情是十分矛盾的。可做的事情既然不多，陆游只好依然把光阴消磨在湖山禅林之间。蜀州的东湖和西湖，城外的翠围山、化成山，以及一些著名的寺院，都是陆游栖迟吟咏之所。他表面上过着悠闲舒适的生活，但内心却极不平静，常常在诗酒之余发出深沉的慨叹："岂其马上破贼手，哦诗长作寒螀鸣？"（《长歌行》）杀敌的壮志，战士的豪情，像一支不灭的火炬，在他胸中燃起熊熊的烈火。清晨，他推枕而起，首先想到的是沦陷区的大好河山；深夜，他在灯下阅读兵书，眼前出现的是中原人民盼望宋军北伐的殷切目光。眼前事业未能如愿，陆游只得寄希望于未来。

淳熙元年（1174年）冬天，陆游又被派到荣州（今四川荣县）去代理州事。一家大小风尘仆仆，于十二月刚刚在荣州落脚，准备欢度除夕时，陆游又接到了四川制置使的通知，让他担任朝奉郎、成都府参议官，还催他尽快赶回成都赴任。一家人只得又匆匆踏上旅程。

淳熙二年（1175年）正月十日，陆游离开荣州回到成都。不久，范成大由桂林来成都任四川制置使。范成大字至能，号

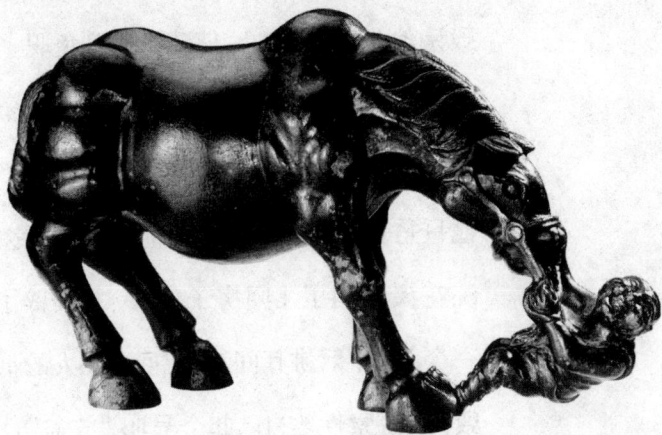

石湖居士，也是当时著名的诗人，和陆游是老朋友。现在虽然二人地位不同，但他们之间的情谊很深，又都喜欢作诗，所以公事之余，他们常常在一起饮酒赋诗、唱和赠答，成为一时佳话。可是再悠闲的赏花、饮酒、听歌、观舞也无法消磨掉陆游心中壮志难酬的苦闷，他只是把随俗浮沉、纵酒寻乐的生活当成是对黑暗现实的一种消极反抗，而内心里，一直没有忘记国家的危难和自己的责任，就像他在诗中说的那样："浮沉不是忘经世，后有仁人识此心。"（《书叹》）但不是每个人都能理解诗人的痛苦，陆游的一些政敌就毁谤他"宴饮颓放"，使陆游遭到免职。

陆游似乎已经预见到这一点，并没有为自己申辩，对自己受到的诋毁和贬黜，他只是付之轻蔑的一笑。他在成都近郊浣花溪畔租了几间房子住下，并开辟了一个菜园，躬耕其间。为了回应小人的诋毁，陆游索性给自己起个号叫"放翁"，以彰显他桀骜不驯的倔强性格。决心杀敌报国的志士，竟然成为了点缀风雅的诗人，陆游感到十分茫然和愤懑。他真想从此退隐山林，不问世事，但对国家民族的强烈责任感，又使他打消了这种念头。陆游在成都的岁月，大半都是在这种矛盾和苦闷的心情中度过的。

淳熙五年（1178年）的春天，陆游接到朝廷的诏令，让他回京等待复职。据说，这次起用，是因为陆游在蜀中所作的诗传到了临安，宋孝宗读后很感动，才有了这道诏令。这一年的二月，正值春暖花开时节，陆游离开成都，乘船东归。在告别巴山蜀水之际，诗人颇有恋恋不舍之情。川陕九载，虽未找到报国的机会，未实现收复中原的理想，但陆游的诗歌创作发生了巨大的转变。为了纪念这段难忘的岁月，后来，陆游将他的诗集定名为《剑南诗稿》。

十、江西赈灾

淳熙五年（1178年）秋天，陆游从四川到达杭州，孝宗召见了他，任命他为提举福建常平茶盐公事。这年冬天，陆游怀着为国效劳的渺茫希望，离开临安，再次入闽。从春天离开成都以来，陆游的大部分时间都花费在旅途之中，行程九千余里，但他并不因长期跋涉奔波而感到劳苦，使他抑郁悲伤的是，南归的大雁没有带来中原的消息："无情最恨寒沙雁，不为愁人说杜陵。"(《衢州道中》)不管走到哪里，诗人的心总是系念着祖国的北方。

到了建安（今福建建瓯），陆游觉得工作仍然不称心，不能施展自己的才智和抱负，他的心情依旧十分郁闷。南宋统治者这次调动陆游的工作，并非要重用他，不过是借诗人的声誉点缀一下"太平景象"而已。陆游在建安任上，除了赋诗饮酒外，也没有多少事情可做：

建安酒薄客愁浓，除却哦诗事事慵。

不许今年头不白，城楼残角寺楼钟。

——《建安遣兴》

在这种慵散愁闷的处境里，陆游常常回忆起川陕前线的生活：

貂裘宝马梁州日，盘槊横戈一世雄。

怒虎吼山争雪刃，惊鸿出塞避雕弓。

朝陪策画清油里，暮醉笙歌锦幄中。

老去据鞍犹矍铄，君王何日伐辽东。

——《忆山南》

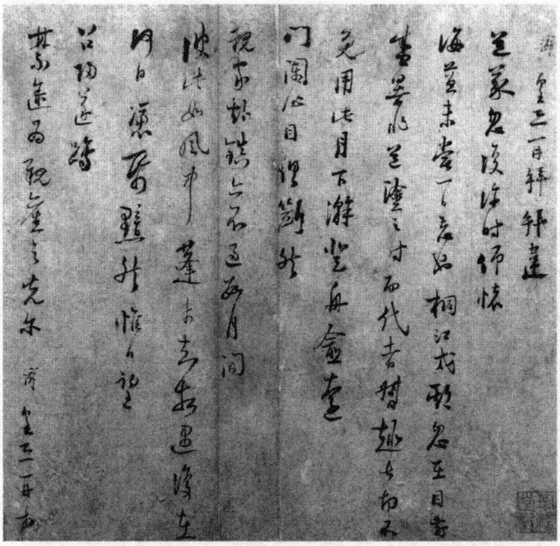

　　一提起从戎南郑的往事，陆游就精
神倍增，时刻准备重返前线，为光复国土
献出自己的一切。可是，在西子湖畔养尊
处优的孝宗能听到"君王何日伐辽东"的
呼号吗？恐怕即使听到了，也只不过当做
一阵耳旁风罢了。

　　淳熙六年（1170年）秋天，陆游奉诏
离建安任。他取道建阳、崇安北归，过江
西铅山、玉山，来到衢州等待
另外的任命。途中，陆游游览
了武夷山、鹅湖寺等名胜，赋
诗抒怀，多次表达杀敌报国的

决心和要求。到达衢州后不久，陆游就接到诏书，派他到江西抚州任职。十二月，陆游来到了抚州。

在抚州，陆游的职务有所提升，主管一地的钱粮仓库和盐茶专卖等事，但仍然是用非所长。尽管如此，陆游没有消沉下去，而是恪尽职守，尽力在自己的职权范围内为百姓做一些有利的事。当时江西一带，生产凋敝，田园荒芜，人民生活痛苦不堪。淳熙七年（1180年）四五月间，江西各地天气亢旱，庄稼受到严重威胁。陆游曾和当地群众一起求雨，虔诚地祷告上天降下甘霖，终于在五月中旬开始降雨。陆游眼看丰收有望，欣喜地与百姓共同庆祝。可谁知天公偏不作美，一连十多天大雨滂沱不止。山洪暴发，江河水涨，千顷农田变成了一片汪洋。一座座村庄被洪水淹没，百姓只好逃到山上去避难，生活更加困难了。陆游看到人民遭受天灾浩劫，不愿坐视不管，毅然决定打开江西官府的常平仓，通知各州县立即向灾民发放救济粮食。陆游不仅积极指挥救灾工作，而且不辞辛苦地亲自驾着小船把粮食送给被洪水围困在山丘上的灾民们。由于救灾工作比较及时，在一定程度上减轻了灾民的苦难。这年冬天，陆游到下属的地区视察，一路上他看到灾区百姓的生活仍很困难，心中十分不安。他要求地方官吏应体恤民众的困苦，施政要以宽大为本。

然而，正因为陆游同情人民的苦难，把囤积在官仓中的粮食用来救灾，他遭到了朝廷中迂腐官僚的攻讦。当权者既不让陆游在前线杀敌立功，也不容许他在后方为民谋利。他们宁肯让官仓中堆积如山的粮食被老鼠糟蹋，也不准地方官越级用粮食赈济灾民。面对生活苦难的灾民，陆游不计个人利害得失，先斩后奏，下令开仓放粮，救活了千万百姓，这本来是一件应当予以肯定和表彰的事。可当权者丝毫不考虑灾情的紧急，以"逾越规矩"、擅自行动的借口弹劾、排挤陆游，最终使陆游遭受到罢免职务的处分。可以想象，如果陆游谨守规矩，等待朝廷批准后再开仓济民，那么被困在各地山冈上的灾民恐怕早已白骨遍野了。江西赈灾一事，既表现了陆游同情人民的一贯态度，也反映了他办事果断、敢作敢为的风度。

陆游虽然被罢了官，但他并不感到遗憾。北归途中，诗人以坦然的心情写道："素衣已免染京尘，一笑江边整幅巾。"（《萧山》）回到山阴故居后，陆游又赋诗道："侠气峥嵘盖九州，一身常耻为身谋。……阳狂自是英豪事，村市归来醉跨牛。"（《西村醉归》）这不仅是抒发个人的心志，也是对那些攻讦者的回击。

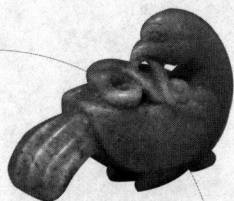

十一、再度被逐

　　淳熙七年（1180年）冬天，陆游罢官回乡，此后五年多的时间，他一直闲居在家。诗人虽受到打击，但忧国忧民之情并未衰减。在这段时间里，他写了许多激越飞腾、雄健豪迈的爱国之作，寄托了诗人立功边塞、收复中原的豪情壮志：

　　腰间羽箭久凋零，太息燕然未勒铭。

　　老子犹堪绝大漠，诸君何至泣新亭！

　　一身报国有万死，双鬓向人无再青。

记取江湖泊船处，卧闻新雁落寒汀。

——《夜泊水村》

遗虏游魂岂足忧，汉家方运幄中筹。

天开地辟逢千载，雷动风行遍九州。

刁斗令严青海夜，旌旗色照铁关秋。

功名自是英豪事，不用君王万户侯。

——《闻虏政衰乱扫荡有期喜成口号》

淳熙八年（1181年），浙东地区大水成灾，山阴一带灾情十分严重。无数百姓流离失所，卖儿鬻女，尸横遍野，到处都是惨不忍睹的景象。陆游忧心如焚，坐卧不宁，很想为家乡百姓做些解危济困的事。他并没有因为自己一年前因赈灾被免职而退缩，反而积极地呼吁官场中的故人旧友了解民情，解除民困。当他听说故人朱熹被任命为提举浙东常平茶盐公事，负责救灾工作时，就立刻写诗寄给朱熹，催他及早赶来赈济百姓，还劝朱熹宽免灾区的赋税，使百姓能得到一个休养生息的机会。当朱熹受到官僚的排挤打击时,陆游又写了书信和诗歌寄给他,勉励、期望朱熹不计私利,以百姓为重,坚持做对百姓有利的事。

在陆游闲居了五年多以后,朝廷决定再次起用他。陆游于淳熙十三年(1186年)的春天被任命为朝议大夫、权知严州军州事。赴任之前,他奉诏入朝,孝宗在延和殿召见他,说:"严州是个山水名胜之地,你公事之余,可以作作诗,消遣一下。"可见,皇帝虽然恢复了陆游的官职,可并不想重用他,更不想让他施展才能抱负,只不过把他看成一个附庸风雅、点缀升平的诗人而已。

这一年的七月,陆游到达严州。在这里,他看到的依然是官吏贪暴,豪强肆虐,天灾人祸,民不堪命。陆游深感作为一州之长,不应该让这种悲惨的现象

出现在自己的辖地。他到任不久，就提出了减轻赋税、广施救济的施政方针，同时采取各种措施发展生产，救灾安民。一年多以后，严州地区果然发生了可喜的变化，庄稼获得丰收，百姓生活有了改善，所辖县区没有流亡的人口。以至于陆游离任很长时间以后，当地的百姓还在感念着他的仁政，深深地怀念着他。

淳熙十五年（1188年）七月，陆游任满离开严州，回到故乡山阴待命。冬天又接到朝廷的通知，调他入京任军器少监，主管兵刃甲弩之类的制造和修缮。陆游自入仕以来，经历了三十多年的宦海风波，再次进入南宋王朝中央政权，他把这看作是实现自己爱国抱负的最后机会。因此，陆游在重返临安之后，又开始积极地从事政治活动。此时，正值孝宗禅位于光宗，新皇帝登基之时。陆游便向宋光宗提出了一系列有关治理国家、完成北伐大业的意见和建议。

在内政方面，陆游认为最尖锐的问题，是劳动人民的生活太贫困。他主张当前必须减轻赋税，改善贫苦百姓的处境，这是一切政事的首要任务。这种认识是

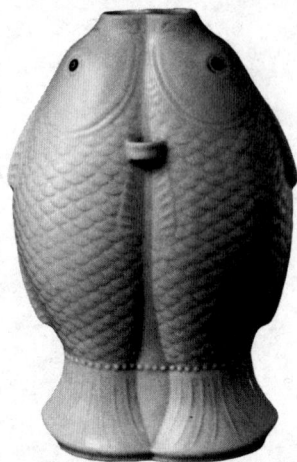

很深刻的，击中了当时社会的要害。南宋政府的收入，对内要供以皇帝为首的统治者挥霍，对外还要向金国支付高额的岁币来保住暂时的安宁，所以对百姓的剥削极其苛刻，除正常的租赋外，还有所谓的经制钱、月桩钱、版帐钱、身丁钱等名目繁多的苛捐杂税，人民负担异常沉重，贫富对立极为尖锐。因此，陆游把减轻赋税，救民之贫，放在一切工作的首位。他还要求朝廷惩治贪官，抑制豪强，多多考虑贫苦百姓的利益，制止官吏豪强任意欺凌他们，减轻对他们的剥削和压迫。陆游认为，只有推行这种"至平至公"之道，才能达到天下大治。虽然，他的政治理想只是一种空想的乌托邦，在当时是不可能实现的，但却表现了陆游对被压迫、被剥削人民的深刻同情。

在军事方面，陆游回顾了六十多年来宋金战争的历史，认为金国统治者灭亡宋朝的野心未死，目前这种"守和"的局面是不可能持久的。既然战争不可避免，朝廷就应当做好应变的充分准备，否则就会重蹈当年不战自溃、狼狈败退的覆辙。陆游批驳了当朝士大夫的侥幸心理和投降派的种种苟安妥协论调，认为边境的防备，在无事时觉得多余，而在有战事时，就会发现准备不足了。他恳切地向皇帝提出建议，希望皇帝以国事为重，不拘一格选拔人才，修整军备，统一号令，严明赏罚。这样一旦战争爆发，朝廷就可有备无患，更可乘势长驱北伐，平定河洛，完成统一祖国的大业。

针对当时统治集团文恬武嬉、士气萎靡的现实，陆游提醒光宗要注意鼓舞士气、振作精神，使全国上下养成一种浑厚劲朴、百折不挠、敢于压倒一切困难的雄健刚劲之

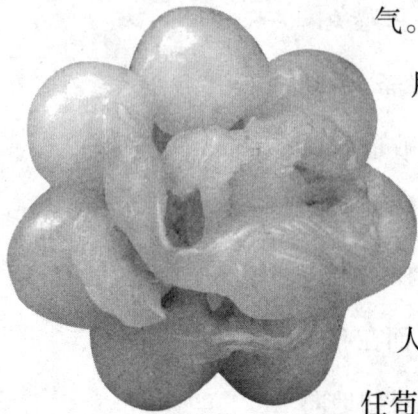

气。陆游非常重视精神力量的作用，认为"天下万事，皆当以气为主"，还说"气胜事则事举，气胜敌则敌服"。如果缺乏这种精神力量，在困难和敌人面前解除自己的思想武装，听任苟且偷安、妥协投降的情绪弥漫朝野，那国势必将日益衰落，收复中原、重整山河就没有希望了。

在光宗召见群臣时，陆游还直言劝谏光宗仿效古代的圣明君主，要广开言路，听取各方面的意见，处理事情应当慎重。他还劝告皇帝应带头奉行节俭，量入为出，能俭省的一概俭省，戒掉一切玩物丧志的不良嗜好，以杜绝小人的谄媚之风。

可惜的是，陆游的意见虽然很深刻、很中肯，但丝毫也没有被采纳。光宗即位之后，并没有心思去改变现状，对陆游的劝谏当然不愿意接受，心里还有一些反感。陆游见自己的忠言未被采纳，愤懑之下，往往就把自己的爱国之心和对小人当权的愤慨灌注到一篇篇诗歌中去。这些爱国诗篇触怒了当权者，他们以此为借口，纷纷攻击陆游，给他加上了"嘲咏风月"等罪名。终于，在淳熙十六年（1189年）冬天，陆游被谏议大夫何澹弹劾，再次落职罢官。这一年的十二月，陆游离开京城返回故乡山阴，针对当权者的无理指责，他幽默地把自己的书房命名为"风月轩"，以表示对诬陷者的抗议和反击。从此，他断绝了对南宋统治集团的幻想，但忧国忧民之心一如既往，并未因自身受到政治迫害而稍有改变。

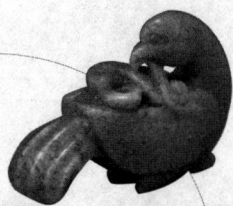

十二、暮年岁月

　　陆游的晚年，除嘉泰二年至三年
（1202—1203年）曾一度到临安参加编修
国史外，大部分时间都是在故乡农村中
度过的。

　　陆游回到家乡，和那些满载名利、衣
锦荣归的官僚们不一样，他是被朝廷罢官
放逐回来的。由于他与南宋政府多次发
生政治分歧，一再受到弹劾免职，所以从
前的一些旧交害怕受到牵连，就不再继

续和他交往，有的人甚至借机造谣中伤，变成了仇敌。统治者企图孤立陆游，但他们并没有得逞，疏远陆游的只是豪门贵族和少数趋炎附势之徒，而家乡的广大群众却欢迎他、爱戴他，把他当做亲人一样看待。一次，陆游病后闲步出游，乡亲们听说诗人久病初愈，都高兴地迎上前去，问寒问暖，表示慰问。面对这种情景，陆游深深感到官场冷酷无情，乡亲们可爱可亲，于是写了一首七律表达自己的心情：

放翁病起出门行，绩女窥篱牧竖迎。

酒似粥醲知社到，饼如盘大喜秋成。

归来早觉人情好，对此弥将世事轻。

红树青山只如昨，长安免拜几公卿。

——《秋晚闲步》

这种亲密的关系，是逐步建立起来的。陆游虽然一向比较关心民生疾苦但由于长期在外地做官，他对家乡百姓的生活、思想和感情都不够了解。回到农村后，他很想缩短自己和周围群众之间的距离，感到应当参加一些力所能及的劳动，让自己的"书生习气"变淡一些。于是，陆游常常出现在田间地头，或在家中从事一些辅助性的劳动。他还把自己的田舍，重新做了一番安排，在房屋周围开辟出桑园菜地，还筑起了一座鱼塘。他逐渐体会到了劳动的乐趣，决心终老田园。"出入阡陌间，终身有余乐。"（《村舍杂书》）对于乡亲们的请求，陆游是有求必应，尽可能地替乡亲们做些事情。每当农忙时节或乡亲们遇到吉庆喜事的时候，陆游也总是要带上一点礼物，主动去表示慰问和祝贺。来往多了，陆游和乡亲们的关系也就日益密切起来，他常常和附近一些有经验的老农讨论耕种之事，商量协作筑塘，引水灌溉，争取丰收。

农闲之时，陆游或拄着藤杖，或骑着毛驴，到周围的村子里去游玩。他也常趁此机会替村民们看病、施药，做些有益的事情。因此，无论他走到哪里，都会受到

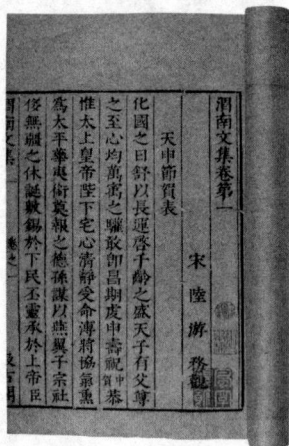

当地男女老幼的热烈欢迎和盛情款待。这一切，都被陆游以兴味盎然的笔触写进了诗中：

耕佣蚕妇共欣然，得见先生定有年。

扫洒门庭拂床几，瓦盆盛酒荐豚肩。

驴肩每带药囊行，村巷欢欣夹道迎。

共说向来曾话我，生儿多以陆为名。

——《山村经行因施药》

野人知我偶闲游，取酒匆匆劝小留。

舍后携篮挑菜甲，门前唤担买梨头。

——《东村》

陆游在农村交友很广，常与农民、牧童、樵夫以及僧侣、道士等打交道。他和这些穷朋友在一起讨论时事，饮酒谈心，相处得十分融洽。在长期的熏陶和感染中，陆游的情感逐渐向乡亲们靠拢，百姓们感到高兴的事，他也为之高兴；百姓们感到忧愁的事，他也为之忧愁。庆元四年（1199年）春末夏初，山阴一带久旱不雨，田野里禾苗日渐枯槁，百姓们忧心如焚。这时已75岁的老诗人也十分焦急，坐卧不宁。一个又一个不眠的夜晚，陆游独自披衣携杖踱出房门，仰观天象，盼望早降甘霖。盛夏六月的一天，大家终于盼来了一场及时雨，庄稼得救了。村中的男女老少都笑逐颜开地来到雨地里，载歌载舞，感谢上苍，预祝年岁丰收。此时的陆游，在窗前听着雨声，抑制不住欣喜之情，提起笔来，一首《喜雨歌》一挥而就，酣畅淋漓。

陆游在家乡既看到了农民勤劳淳朴的生活，也目睹了被压迫、被剥削人民的深重苦难。他强烈谴责官府和豪绅互相勾结，鱼肉劳动人民的罪行。"有司或苛取，兼并亦豪夺。正如横江网，一举孰能脱！"（《书叹》）对百姓们憎恶和反感的现象，也常常加以嘲讽和斥责。庆元五年（1200年）春天的一个夜晚，陆游夜行途中路过一家大地主的宅院，他从门外看到深院之中，灯红酒绿，酣歌醉舞，闹得

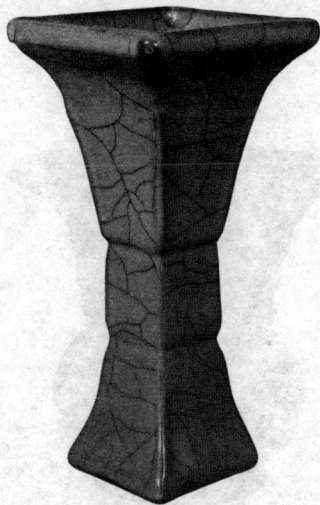

乌烟瘴气。诗人顿时产生了一种强烈的憎恶之情，回到家中立即提笔赋诗，对这种奢侈行为进行辛辣的讽刺：

村豪聚饮自相欢，灯火歌呼闹夜阑。

醉饱要胜饥欲死，看渠也复面团团。

——《夜行过一大姓家值其乐饮戏作》

诗中生动形象地刻画了富豪们脑满肠肥、醉生梦死的丑态，对这些盘踞在乡村中、有钱有势的吸血鬼挥霍无度，不顾黎民百姓的罪恶行为进行了无情的揭露和谴责。年轻气盛时，陆游也曾有过纵情豪饮的生活经历，但回到农村后，他深深感到，在豪门大户奢侈豪华生活的背后，无数穷苦百姓正挣扎在饥饿的死亡线上。诗人思想的转化，正来自于对现实的深刻体察。

陆游罢官之后，虽然自视身为"野老"，但他始终关心着国家大事。他时常阅读邸报（我国古代刊载朝廷诏令奏章

和重要新闻的一种政府报章），并通过各种渠道了解当时的形势和中原的情况。南宋当局罢免陆游，本来是企图施加压力，不许他再写诗议论朝政。然而他们打错了算盘，陆游虽然丢了乌纱，却丝毫也没有屈服，仍然不断写诗评议现实，批判投降政策：

百战元和取蔡州，如今胡马饮淮流。

和亲自古非长策，谁与朝家共此忧。

——《估客有自蔡州来者感怅弥日》

在罢官闲居的岁月里，陆游年事已高，生活也不宽裕，但是诗人并不悲哀，气概仍然十分豪迈，还在梦想着能为国家出力，重返前线，去抗击敌人。绍熙三年（1192年）冬天，一个风雨交加的夜晚，诗人独卧山村故居，想到中原未复，国耻未雪，心潮起伏难平。夜阑人静的时候，他在飒飒的风雨声中合眼入睡，在梦境中跨着战马，手挽长枪，奔驰在冰封雪飘的北国大地上：

僵卧孤村不自哀, 尚思为国戍轮台。

夜阑卧听风吹雨, 铁马冰河入梦来。

——《十一月四日风雨大作》

像这样的战士之梦, 陆游一生不知做了多少次, 这类记梦诗抒发了作者不可遏止的爱国激情。正如陆游自己所说, "梦不出心境", 由于他的心始终没有离开中原, 他的梦才时时萦绕着祖国的大好河山。陆游的晚年, 正是在这种现实与理想的矛盾中度过的。

陆游罢官居乡的这段时间, 南宋统治集团内部矛盾愈演愈烈。绍熙五年(1194年)宫廷矛盾表面化, 太上皇孝宗病故, 宋光宗称病不肯居丧, 闹得满城风雨, 议论纷纷。知枢密院事赵汝愚与知阁门事韩侂胄等密谋, 借皇太后之手废除光宗, 立太子赵扩为帝, 是为宋宁宗。宫廷纷争虽然暂时解决了, 但当权的各派官僚之间又展开了争权夺利的激烈斗争。韩侂胄为了独揽大权, 把反对他的赵汝愚、周必

大、朱熹一派定为"伪党"，一一加以贬
黜和流放，这就是所谓的"庆元党禁"。
陆游从国家的大局出发，认为这种结党
营私、争权夺利的斗争，误国误民，不利
于国家的统一大业，因而一再赋诗加以
谴责。可见，陆游判断是非的标准，不是
个人得失和小集团的利益，而是国家民族
的前途和命运。凡是有利于收复中原、统
一祖国的事，他就予以支持，否则即加以
反对。所以，后来当韩侂胄主张北伐收复
中原时，陆游就从相同的立场出发，对他
采取了支持与合作的态度。

嘉泰二年（1202年），陆游以78岁的
高龄扶衰入都，主持修撰孝宗、光宗两
朝历史的工作。在此期间，陆游应韩侂胄
之请，先后为其作《南园记》和《阅古泉
记》，勉励他继承其曾祖韩琦抗击外侵
的遗志，为国家建功立业。这本来无可指
摘，却遭到了一些人的非议和毁谤，认为
陆游这么做是在讨好当权者。这种看法

是出于党派的偏见，毫无根据。事实上，就陆游个人而论，丝毫无求于韩侂胄，他这么做的目的就是表明自己对北伐主张的支持。所以，当修史工作告一段落，他的任务完成之后，便立即告老还乡了。

嘉泰三年（1203年）五月，陆游回到了山阴故居。这时恰逢辛弃疾被朝廷起用，担任浙东安抚使兼知绍兴府。于是，人们常常能看到辛弃疾来到镜湖之滨拜访陆游，两位志同道合的爱国作家促膝谈心，共论国事，对收复中原抱着很大期望。辛弃疾看到陆游的住宅过于简陋陈旧，便有意为他盖一所新居，陆游则总是婉言辞谢，因为他的心里牵挂着北伐大业，对区区住宅则不以为意。第二年春天，辛弃疾奉诏入朝，陆游写了一首长诗《送辛幼安殿撰造朝》为他送行，希望他能施展平生抱负，抛开个人恩怨，集中精力对敌，为统一祖国建立不朽的功业。

开禧二年（1206年）五月，南宋朝廷

下令伐金。陆游在乡间听到这一消息，异常兴奋。他抑制不住激动的心情，挥笔写了一首《老马行》，表示自己虽已年迈力衰，但为国杀敌的雄心壮志仍在，如果需要的话，他还可以像一匹久经沙场的老马那样，重新踏上征途，为收复中原而战斗。这时的陆游已年过八旬，身体条件已不允许他重返前线了。但他仍密切注视着战争的进展，十分关心前方将士们的生活，祝愿北伐早日取得胜利。

战争初期，宋军曾打了一些胜仗，但由于准备工作做得不够充分，主和派势力又横加阻挠和破坏，再加上韩侂胄用人不当，意志不坚，料敌不明，所以北伐遭到了严重的挫折，军队接连失利。开禧二年（1206年）十月，金兵分九路渡过淮水向南侵略，南宋统治集团惊慌失措，朝野为之震动。这时主和派史弥远等人又趁机活动起来，他们上下串联，里应外合，掀起了反对北伐、攻击主战派的阴风恶

浪。开禧三年（1207年）十一月，史弥远集团发动政变，阴谋杀害了韩侂胄，并派遣使者前往金国，乞求重新签订"和议"。后来，主和派完全接受了金人提出的苛刻的屈辱条件，订立了可耻的"开禧和议"，北伐宣告彻底失败。广大人民和爱国志士收复中原的希望又一次化为了泡影。

陆游在家乡听到这些不幸的消息，心情十分悲痛。对于韩侂胄的被害和北伐的失败，他感到惋惜和悲伤：

上蔡牵黄犬，丹徒作布衣。

苦言谁解听，临祸始知非。

——《书文稿后》

萧相守关成汉业，穆之一死宋班师。

赫连拓跋非难取，天意从来未可知。

——《读史》

由于陆游支持开禧北伐，所以韩侂胄一死，他也遭到了种种无端的攻击和污蔑。嘉定二年（1209年）春天，朝廷取消了从前赠给陆游的名誉官职和各种待

遇。但无论朝廷施加的压力有多大，无论投降派如何猖獗，陆游都不屈服，决不改变忠于祖国和民族的志节：

老去转无饱计，醉来暂豁忧端。

双鬓多年作雪，寸心至死如丹。

——《感事六言》

在陆游逝世前的一两年间，他还写了许多爱国忧民的诗篇：

渔村樵市过残春，八十三年老病身。

残疠游魂苗渴雨，杜门忧国复忧民。

——《春晚即事》

遗蝗出境乐秋成，多稼登场喜雨晴。

暗笑衰翁不解事，犹怀万里玉关情。

——《书叹》

嘉定二年（1209年）初秋，陆游忧愤成疾，快到寒露时节，病情才稍有好转。中秋前后，他还多次拄着拐杖出门，到附近村庄去看望父老乡亲们。亲友邻里听说老诗人病体小愈，都非常高兴，纷纷邀请陆游到自己家里做客："老人病愈乡

间喜,处处邀迎共献酬。"(《嘉定二年立秋得隔上疾近寒露乃小愈》)可是入冬之后,陆游旧病复发,从此卧床不起,病情日渐严重。嘉定二年十二月二十九日(1210年1月26日),伟大的爱国诗人陆游与世长辞,终年85岁。弥留之际,他对围绕在身旁的儿孙们,口诵了一首七绝《示儿》,作为临终遗言:

死去元知万事空,但悲不见九州同。

王师北定中原日,家祭无忘告乃翁。

这首绝笔诗饱含着陆游的血和泪,既是诗人一生政治抱负的光辉总结,也是他爱国思想的艺术结晶。诗中没有只言片语涉及家事,唯一使他放心不下的是祖国尚未实现统一,因此他在临死之前谆谆告诫儿孙,一定要继承先辈的遗志,把侵略者从中原大地上赶出去。他坚信胜利必将到来,希望儿孙们不要忘记把胜利的喜讯,告诉给自己的在天之灵。